BEI GRIN MACHT SICH IHR WISSEN BEZAHLT

Wilhelm Weber

Stichpunktsammlung zur Vorlesung "Kirchengeschichte I - Geschichte des Christentums in der Antike"

GRIN Verlag

Bibliografische Information der Deutschen Nationalbibliothek:

Die Deutsche Bibliothek verzeichnet diese Publikation in der Deutschen National-
bibliografie; detaillierte bibliografische Daten sind im Internet über http://dnb.d-
nb.de/ abrufbar.

Impressum:

Copyright © 2011 GRIN Verlag GmbH
Druck und Bindung: Books on Demand GmbH, Norderstedt Germany
ISBN: 978-3-656-72318-9

Dieses Buch bei GRIN:

http://www.grin.com/de/e-book/278367/stichpunktsammlung-zur-vorlesung-kirchen-
geschichte-i-geschichte-des

GRIN - Your knowledge has value

Der GRIN Verlag publiziert seit 1998 wissenschaftliche Arbeiten von Studenten, Hochschullehrern und anderen Akademikern als eBook und gedrucktes Buch. Die Verlagswebsite www.grin.com ist die ideale Plattform zur Veröffentlichung von Hausarbeiten, Abschlussarbeiten, wissenschaftlichen Aufsätzen, Dissertationen und Fachbüchern.

Besuchen Sie uns im Internet:

http://www.grin.com/

http://www.facebook.com/grincom

http://www.twitter.com/grin_com

Die Alte Kirche

- Literaturhinweis: Adolf Martin Ritter, Alte Kirche
- Carl Andresen, Geschichte des Christentums I
- Unterschied Frühchristentum/Alte Kirche

Die Alte Kirche bei Luther

- Vorgeschichte: Humanismus
- Laienbewegung
- Weltliche Themen: Stadtgeschichte, Künstlerbiografien
- kritischer Blick auf die Geschichte (Laurentius Valla)
- Hinwendung zu den Quellen („ad fontes")
- emanzipatorische Bedeutung
- Erasmus von Rotterdam (gest. 1536)
- Edition der Kirchenväter
- Neuausgabe des gr. NT
- Unterscheidung zw. Welt- und Kirchengeschichte
- Geschichte als eigenständige Disziplin (Main 1504)

Martin Luthers Geschichtssicht

- keine eigene Geschichtsdarstellung
- Interesse an Geschichte in Auseinandersetzung mit Rom
- Geschichtsdeutung im Dienst der Theologie
- Christus als kritischer Maßstab („solus Christus")

Quellentext: E. von Caesarea – Über die Kirchengeschichte

- Abs. 1:
  - Äußerung des Entschlusses zur schriftlichen Fixierung der Kirchengeschichte mit allen Höhen und Tiefen

- Abs. 2
  - Eingestehen nicht fehlerfreien Arbeitens
  - Feststellung der erstmaligen Abfassung einer Kirchengeschichte
  - Verlassen auf Gottes Führung in der kirchenhistorischen Forschung
  - Kompilation seriöser Quellen mit kirchengeschichtlicher Relevanz
  - Entschluss der historischen Aufarbeitung von der apostolischen Sukzession
  - vor allem anhand schriftlicher Quellen
  - Objektivität wahrend

- o für nachfolgende Generationen tauglich
- o Hoffnung von der Nützlichkeit der schriftlich fixierten Kirchengeschichte für spätere Generationen

- Abs. 3
  - o Wirken Jesu Christi als Anfangspunkt
  - o Lehren Christi als Basis aller kirchlichen Dogmen
  - o Zeitgenossen Christi mit der Unfähigkeit zur Erkenntnis seiner Lehren
  - o Zeitgenossen Christi als verstockt und uneinsichtig dargestellt
  - o Erkenntnis seiner Lehren erst durch späteren Generation infolge der außerisraelitischen Verbreitung
  - o Worte Gottes und Lehren Christi von da an für die gesamte Menschheit zugänglich
  - o unentbehrliche Basis des Guten in der Welt und für das Heil bzw. den Frieden unter allen Menschen
  - o Verdienste, Lehren, Wirken und Leben Christi als vorherbestimmter Weg zum Wohle der Menschen
  - o Legitimation vom Ursprung her
  - o im engeren Sinne: die Lehrmeinung
  - o Beginn der Kirchengeschichte: mit den Pfingstereignissen
  - o Kirche als Schöpfung Gottes und somit ewig existierend

- Kirche(n)   ←→   Christentum
- Antike Welt   ←→   Römerreich
- Hell.-röm. Kultur
- Alte Kirche   ←→   frühe Christenheit

Antike   →   Mittelalter   →   1500: Reformation

Urchristentum   Papstkirche

Alte Kirche

Kirchenväter

Mittelalterliche Kirchengeschichtsschreibung

- keine historische Entfaltung
- sondern „mythische Gesamtschau" der Weltgeschichte:
  - o Vorstellung der sieben Weltzeitalter (Gen 1; Ps 90,4)
  - o Vorstellung der vier Weltreiche (Daniel 2)

- Neue Themen: Heilige, Klöster, Bistümer, Völker

Der Neuansatz von Joachims von Fiore

- Leben:
  - o geb. in Celico/Kalabrien 1135
  - o Bekehrung („conversio") zum monastischen Leben
  - o Pilgerfahrt nach Jerusalem 1166/67
  - o Abt des Benediktinerklosters Corazzo
  - o Neugründung von San Giovanni in Fiore 1189
  - o gest. 1202

- Werk:
  - o „Liber de cocordia Novi ac Veteris Testamenti" (1191)
  - o „Expositio in Apocalypsim" (1196)

- Trinitarische Gliederung der Geschichte:
  - o Zeitalter des Vaters (Gesetz)
  - o Zeitalter des Sohnes (Gnade)
  - o Zeitalter des Geistes (Liebe)

- Kirchenkritischer Gedanke:
  - o im Mönchstum sich ankündigende Geistkirche die Priesterkirche ablösend
  - o Joachim das Zeitalter des Geistes für 1260 erwartend

Eusebius von Caesarea

- „Vater der Kirchengeschichtsschreibung"

Leben
- o geb. in Palästina 263/265
- o theologische Ausbildung in Schule von Caesarea
- o während kaiserlicher Verfolgung nach Ägypten 303
- o Rückkehr nach Palästina 313
- o Wahl zum Bischof von Caesarea
- o Berufung zum kaiserlichen Berater („Vita Constanini")
- o gest. 339/340

Werk

- o apologetische, exegetisch und dogmatische Schriften
- o
- o historische Schriften:
  - **Chronik (303)**
  - **Über die Märthyrer von Palästina (303-311)**
  - **Kirchengeschichte (311-324)**

Geschichtsprogramm

- Sicherung der Apostelnachfolge („successio apostolica")
- Häresie Einheit der Kirche bedrohend
- Bischöfe als Garanten der sichtbaren Kontinuität
- Geschichte Israels Erwählung der Kirche belegend
- Verfolgung der Christen Standhaftigkeit der Kirche zeigend

Christliche Gemeindebildung

- Jakobus als Leiter der Urgemeinde mit alternativem Modell
- innerhalb in den Grenzen des Römischen Reiches
- jüdische Gemeinden dazugehörend
- jüdische Diaspora
- jüdische Mission in Kleinasien stattfindend
- Ausbreitung bis in den Mittelmeerraum
- Christliche Mission im Mittelmeerraum
- Nutzung römischer Verkehrswege
- Missionierung vor allem im urbanen Raum
- bes. an paulinischen Briefen erkennbar

Rahmenbedingungen der Mission

- Adolf v. Harnack: „Ein Imperium, eine Weltsprache, ein Verkehrsnetz, eine gemeinsame Entwicklung zum Monotheismus und eine gemeinsame Sehnsucht nach Heilanden." (Die Mission und Ausbreitung des Christentums, Bd. 1, S.27)
- Römisches Reich als christlicher Handlungsraum: Bewusstsein der Überlegenheit, Verbreitung jüdischer Gemeinden; städtische Zentren
- Frühe Christenheit als städtische Religion
- (Koine-)Griechisch als gemeinsame Sprache; keine Sprachbarrieren; Beschränkung auf Städte
- Volkssprachen auf dem Land
- Tertullian als erster lateinischer Theologe
- Frühchristliche theologische Werke auf Altgriechisch
- Infrastruktur: einheitliches Verkehrsnetz (Straßen, Schiffswege) im Mittelmeerraum für Handel, Militär, Verwaltung

- Hellenistische (Stadt-)Kultur: Mischkultur unter Einbeziehung gr. Und nationaler Kulturen
- Entwicklung zum Monotheismus: „Toleranz des Götterglaubens; Verehrung der höchsten Gottheit (Jupiter); Polytheismus als ausdifferenzierter Monotheismus
- Erlösungssehnsucht: Sehnsucht nach Heilanden, Wiederbelebung der altrömischen Religion, Aufkommen des Kaiserkultes

Schwerpunkte der Mission

Kleinasien:
Zentrum christlicher Mission (Ephesus), Verbreitung in Stadt und Land, Absorbation heidnischer Kulte (Plinius)

Ägypten:
Philosophisches Christentum (christianisierte Gnosis), hellenistisches Judentum (Philo) Katechetenschule in Alexandrien

Italien
Alte christliche Gemeinde in Rom (Römerbrief), Verfolgung unter Nero (64), bischöfliches Führungsbewusstsein (Ignatius; Clemens)

Afrika
Missionierung von Rom; Christen auf dem Land (Scili); Zentrum: Karthago (Tertullian, Cyprian); Ausbreitung im 3. Jh.

Gallien
Legendarischer Ursprung; Mission von Kleinasien (Irenäus), Zentrum im Süden: Marseille, Lyon, Vienne (Rhonetal)

Spanien
Paulus in Spanien (Kanon Muratori)?, Gemeinden erst seit Ende 2. Jh.; keine Personen bekannt; strenge Ethik (Synode von Elvira)

Themen an der Wende zum 2. Jahrhundert

- Abstand zum Ursprung deutlicher geworden
- Gedanke der endlichen Welt
- Zurücktreten der Naherwartung
- Paulus vor allem am himmlischen Christus interessiert
- Kirche erstmals in der Apg dargestellt
- wachsende Distanz zum Ursprung
- sich historisch identifizierende Kirche
- Aufkommen enthusiastischer Strömungen
- Behauptung als eigenständige Religion
- Gestaltung des Gemeindelebens
- eher praktisches Interesse

- Interesse an Lehrkontinuität

Apostolische Väter

- 1. Klemensbrief → Text 7
  - o Schreiben des römischen Bischofs Klemens
  - o Anlass: charismatische Prediger in Korinth
  - o Analogie der liturgischen Ordnung zur göttlichen Ordnung der Natur
  - o Vorbild des hohenpriesterlichen Kultes
  - o sakralrechtliche Begründung
  - o Trennung zwischen Klerikern und Laien:
  - o „Jeder an seinem Platz"
  - o Ordnungsgemäße Einsetzung begründet
  - o Legitimität und Vollmacht des Amtes
  - o (Sendungs- und Sukzessionsgedanke)
  - o Keine Abgrenzung gewählter Bischöfe

Die Didache (Text 8)

- Kirchenordnung aus Syrien-Palästina
- Aufbau: Ethik, Gottesdienst, Ämter
- Ethik: „Zwei-Wege-Lehre"
- Gottesdienst: Taufe auf den dreieinigen Gott;
- Eucharistie als Einheitsmahl der Kirche
- Ämter: Wertschätzung der Charismatiker
- Apostel, Propheten, Lehrer
- Jedoch Warnung vor geistlichen Scharlatanen
- Gemeindewahl von Episkopen (Bischöfe) und Diakonen

Pastoralbriefe (1./2. Tim.;Tit)

- möglicher Verfasser: Polykarp von Smyrna
- Brief mit Mahnungen gegen Häretiker
- Abwehr von Irrlehren (Tit 1,10-16)
- Bewahrung der rechten Lehre (1 Tim 6,20)
- Herausbildung der kirchlichen Ämterordnung
  - o Bischof (1. Tim 3,1; Tit 1,7)
  - o Diakone (1 Tim 3,8-13)
  - o Älteste (1 Tim 4,14; 5,17)
  - o Witwen (1 Tim 5,3-16)
  - o Evangelisten (2. Tim 4,5)
  - o Lehrer
- Übertragung des Amtes (Ordination)durch Handauflegung (1. Tim 4,14)
- Charisma und Amt (2. Tim 1,6)

Ignatius von Antiochien (Text 11)

- Briefe an kleinasiatische Gemeinden
- Thema: Schutz der Kirche in gefahrvoller Zeit
- Gefahr durch doketische Häresien (Text 11a)
- Antidoketisches Christusbekenntnis (Text 11 b/c)
- Kultisch-liturgisches Amtsverständnis
- Ämteraufbau: Bischof – Presbyter – Diakone
- Abbild der himmlischen Hierarchie
- Einheit der Kirche als geistliche Wirklichkeit
- Monarchistischer Episkopat
- Göttlicher Heilsplan: Gott die Welt aus der Hand des Teufels durch Gottessohn erlösend
- Eucharistie als „Medizin der Unsterblichkeit"

Barnabas

- Herkunft: Alexandrien um 115/130 n. Chr.
- Geistige Deutung der atl. Ritualgesetze (Vorbild: Philo)
- Allegorische Exegese zur Erkenntnis („Gnosis*) Gottes führend

Lehre der „Apostolischen Väter"

- Paränesen zum sittlichen Leben
- Gemeindlicher Aufbau um kirchliches Amt
- Schutz des Glaubens vor Häresien
- Ordnungen von Gottesdienst und Liturgie

Apologeten

- „Verteidiger" des Christentums
- Thema: Relevanz des christlichen Glaubens gegenüber rel. Und philosophischen Heilsangeboten
- Adressaten: Synagoge; Öffentlichkeit;
- Anlass: philosophische Kritik

Cornelius Fronto

- „Rede gegen die Christen" (Text 20)
- Philosophische Skepsis Anerkennung der Väterreligion gebietend
- Kritik an Christen: Unbildung, Geheimhaltung, verbrecherischer Kult; Todessehnsucht

Die Gnosis

- Grundfragen menschlicher Existenz (Clemens von Alexandrien)
- Grundrhythmus („Perlenlied")
  - o Unmündig → Mündig
  - o Suchen → Finden
  - o Unerfahren → Erfahren
  - o Schlafen → Erwachen
  - o Versklavt → Frei
  - o In der Fremde → Daheim

- Gnostischer Mythos („Valentius")
  - o Triadische Anthropologie (Geist-Seele-Materie)
  - o Pneumatiker – Psychiker – Sarkiker
  - o Kundgabe „ unnennbarer, überirdischer Geheimnisse"
  - o unbeweglicher Urvater
  - o Ennoia/Charis/beginnende Regung Siges
  - o Zeugung des Anthropos
  - o vorzeitliches Drama
  - o kosmische Katastrophe
  - o Gefangensein des Ich in finsterer Welt
  - o Unerkennbarkeit des wahren Gottes („Urgrund")
  - o Metaphysischer Dualismus zur Erklärung des Bösen
  - o Der Fall zur Abkehr vom Licht führend
  - o Schöpfung der Materie durch den „Demiurgen"
  - o Mensch in der Welt („Leib"), aber nicht von der Welt („Lichtfunke")
  - o Erlösung in der Lichtwelt beginnend („Pleroma")
  - o Ruf des Erlösers („Nus") Erinnerung bringend
  - o Dadurch „Gnosis" der wahren Herkunft
  - o Befreiung als Überwindung der Materie
  - o Rückkehr zum Ursprung
  - o Erlösung des Gnostikers
  - o Individuelles Geschehen

Gnosis im Fremdzeugnis (Kirchenväter)

- Irenäus von Lyon (140 – 200)
  - ▪ Entlarvung und Widerlegung der fälschlich sogenannten Gnosis („Adversus haereses")

- Hippolyt von Rom (gest. 235)
  - ▪ Widerlegung aller Häresien

- Tertullian (150 – 225)
  - Prozesseinreden gegen die Häretiker („De praescriptione haereticorum")
- Gemeinsamkeiten: Neg. Wertung der Gnosis als christliche Häresie

Das Problem der „Häresie"

- **gr. Philosophie:**
  - wertneutraler Begriff: „Überzeugung"," Anschauung", „Neigung"; Bezeichnung verschiedener philosophischer Schulen

- **frühes Christentum:**
  - neg. Wertung als „eigenmächtige Wahl" (Gal 5,20; 2. Petr. 2,1; Tit 3,10) und Abweichung von der „einen" Wahrheit (Eph 4,4ff.)

- **kath. Kirche:**
  - Euseb von Caesarea: Häresie als Abkehr von rechtgläubiger Tradition; Begründung der Lehre durch die Apostel; Abweichung erst in späterer Zeit durch innere und äußere Feinde („Historia Ecclesiastica")

- **Neuansatz:**
  - G. Arnold: „Unparteiische Kirchen- und Ketzerhistorie" (1699)
    - These: Das wahre Christentum finden bei den Ketzern

  - C. W. F. Walch: „Historie der Ketzereien" (1768/70)
    - These: Es gab Irrtümer auf beiden Seiten (Pragmatische Darstellung)

  - W- Bauer: „Rechtsgläubigkeit und Ketzerei" (1934)
    - These: Am Anfang war die „Häresie", d.h. es gab weder Orthodoxie noch Häresie, sondern unterschiedliche Lehrtraditionen

Gnosis im Selbstzeugnis (Primärquellen)

- Adolf Hilgenfeld: „Ketzergeschichte des Urchristentums" (1884)
  - Gnosis als außerchristliche Erscheinung

- Wilhelm Bousset: „Hauptproblem der Gnosis" (1907):
  - Entstehung der Gnosis in vorchristlicher Zeit in Persien

9

- Hermetische Schriften („Corpus Hermeticum") im 2./3. Jh.
  - o Pistis Sophia (3. Jh.)
  - o Perlenlied aus den apokryphen Testamenten (3. Jh.)
  - o Nag-Hammadi-Schriften: Ev. der Wahrheit (2. Jh.)

Gnostische Anklänge im frühen Christentum

- „Gnosis in Korinth" (Walter Schmidthals)
- **1. Kor 10,23 „Alles ist erlaubt."**
- **1. Kor 15,12 „Es gibt keine Auferstehung der Toten"**
- **1. Kor 2,14: Pychiker ← → Pneumatiker**
- Gnostische Vorlage des Johannesprologs (R. Bultmann)
- Abwehr gnostisch beeinflusster Gruppen (1. Tim 1,4; 6,20; 2. Tim 2,17; Tit 3,9)

Gnostisches Denken im christlichen Raum

- Systematisierung in der altkirchlichen Häresiologie nach Lehrern (Simon Magus, Menander, Basilides) oder nach Figuren des gnostischen Mythos (Seth, Kain, Ophiten)

  - Kerinth in Kleinasien (Text 25e)
  - Trennungen: Schöpfergott ungleich mit Erlösergott
  - Weiterhin Jesus ungleich Christus

- Basilides in Alexandrien (Text 25f)
- Doketische Passionsgeschichte
- Valentin in Rom
- AT als Werk des Demiurgen
- („Ptolemäus an Flora")
- Christliche Gnosis in Ägypten (Text 25k)
- Äußere Gestalt der Kirche ungleich Gemeinschaft der Erkennenden („Ev. Veritatis")

Schwierige religionsgeschichtliche Einordnung

- Keine gestiftete Religion, aber rel. Führer
- Keine Buchreligion, aber rel. Schrifttum
- keine Kultreligion, aber kultische Riten
- keine Nationalreligion, aber keine Universalreligion
- Fazit: Esoterische Erlösungsreligion und Offenbarungsreligion

Marcion

Lebensdaten

- geb. in Pontus um 100 n. Chr.
- Anschluss an die röm. Gemeinde um 135/138 n.Chr.
- Ausarbeitung eines christlichen Schriftenkanons
- Bibelkommentar („Antithesen")
- Bruch mit der röm. Gemeinde 144 n.chr.
- gest. um 160 n. Chr.

Marcions Jubelruf

- „O Wunder über Wunder, Verzückung, Macht und Staunen ist, dass man gar nichts über das Evangelium sagen, noch über dasselbe denken, noch es mit irgendetwas vergleichen kann."

Theologische Grundgedanken

- Erfahrung des fremden und unbegreiflichen Gottes
- Gottes Wesen als reine und universale Liebe
- Gesetz durch die Erlösung aufgelöst
- Gott einzig im Glauben begegnend
- dualistischer Zugang zur Welt
- Kritik der unvollkommenen Welt
- in der Konsequenz Askese: Eheverbot, Fasten und Martyrium
- Weltenschöpfer im AT handelnd
- Trennung von Gesetz (Gerechtigkeit) und Evangelium (Liebe)
- Kirche soll zum „Ev. vom fremden Gott" zurückfinden (Harnack)

Bibelkanon

- Schöpferischer Grundzug: erster christlicher Schriftkanon (Text 15e)
- Paulus als maßgebender Vertreter des Urchristentums
- Kritik der kirchlichen Gesetzlichkeit („Judaismus")
- Aufdeckung „judenchristlicher Einfügungen" in den Ev. (Text 15f)
- Lk als einzig anerkannte Evangelienschrift
- außerdem: Röm, 1./2. Kor, Gal, 1./2. Thess, Eph, Kol, Phil, Philm
- zweiteiliger Kanon: „Evangelium" und „Apostel"
- AT für Christen kein Offenbarungsbuch

Bibelkommentar

- Dogmatisch-historische Ausführungen
- Fortlaufender Kommentar des Bibelkanons
- Titel: „Antithesen" (Gesetz ←→Evangelium)

Marcions „Paulinismus"

- Gemeinsamkeiten: Gott ist Liebe – Glaube als Antwort
- Unterschiede: AT vom Demiurgen handelnd
- Weissagungen nicht auf Christus beziehbar
- Keine allegorische oder typologische Auslegung
- Christus nur mit einem Scheinleib („doketische Christologie")
- Das Gesetz nicht erfüllt, sondern aufgelöst
- Ethik radikaler Entsinnlichung und Loslösung von der Welt

Marcion – (k)ein Gnostiker

- Gemeinsam: Frage nach Ursprung des Bösen und Erlösung
- Unterschied: Mensch ganz zur Schöpfungswelt gehörend
- Erlösung im Diesseits keinen Anknüpfungspunkt
- Soteriologie ohne kosmische Spekulation

Christlicher Leben in vorkonstantinischer Zeit

- **Religiöse Aspekte**
  - o Christliches Selbstverständnis
    - Abgrenzung gegenüber Nichtchristen
    - Kritik der Tempelopfer und Totenmahlzeiten
    - Entwicklung einer christlichen Gemeindeverfassung
    - Professionalisierung der kirchlichen Ämterstruktur
    - Anrede „Bruder" und „Schwester"
    - Verbot der Mischehe mit Andersgläubigen
    - Eucharistie: Schweige- und Vorbereitungspflicht
    - Taufe: sakramentale Begründung der Abkehr von der Welt
    - Gottesdienst vor Sonnenaufgang
    - Kirchen („domus dei"): Sammlung und Abgrenzung der Gemeinde
    - eigene christliche Begräbnisstätten
    - Vorwürfe der Nichtchristen: „Tempelräuber"
    - Verspottung christlicher Gottesverehrung
    - Christen als Fremdkörper in der röm. Gesellschaft

- **Mithrareligion**
  - o Verehrung des Gottes Mithras zunächst im Ostteil des Reichs
  - o Herkunft aus Persien mit Blütezeit im 2./3. Jh.
  - o Kultpraxis vor allem im röm. Militär
  - o Funktion als Schwurgott
  - o Erlösungsmythos: Geburt des Gottes und Heilstat der Stiertötung durch Mithras
  - o Initiationsriten zur Aufnahme in die Kultgemeinde

- **Gegenläufige Beobachtungen**
    - o Parallelen zu Mysterienreligionen
    - o Substitutionscharakter christlicher Institutionen
    - o Christliche Feste statt heidnische Feste
    - o Agapefeiern statt Festgelage
    - o Kirchliche Ämter statt politische Laufbahn
    - o Abgrenzung zur inneren Stärkung der Kirche
    - o Christliche Apologetik heidnischer Polemik entgegentretend
    - o Altersbeweis: Christentum auf antiker Überlieferung beruhend
    - o Rezeption von Platon und Stoa (Hellenisierung)
    - o Geistlicher Führungsanspruch der Christen
    - o Anspruch der Beerbung anderer Religionen

- **Soziale Aspekte:**
    - o Keine Teilnahme an Festen wegen Verbot der Bilderverehrung
    - o Ablehnung von Schauspielen und Wettkämpfen
    - o Verbot von Berufen im Umfeld des Sakralkultes
    - o Unsicher: Lehrerberuf und Militärdienst
    - o Warnung vor Übernahme städtischer Magistratsämter
    - o Christliche Existenz – auf Erden in der Fremde („peregrinatio")
    - o Reaktion der Nichtchristen: Vorwurf der „obscuritas"
    - o „ignorantia" als Ursache für Verdächtigungen
    - o Christen als Sündenbock für gesellschaftliche Krisen
    - o Zuordnung zum kriminellen Milieu
    - o Christen als anders – Reaktion: Hass

- **Gegenläufige Beobachtungen:**
    - o Weitgehende Integration der Christen in Gesellschaft
    - o Anpassung der Lebensverhältnisse
    - o Gemeindemitglieder aus allen sozialen Schichten stammend
    - o Armen- und Krankenfürsorge zum Ausgleich sozialer Spannungen

- vor Konstantin keine staatliche Anerkennung des Christentums
- daher konstantinische Wende
- römische Randgruppe
- sich als gesellschaftlich nützliche Glieder darstellend

- **Zusammenfassung**

    - o **religiös:** Abgrenzung gegen andere Religionen, aber analoge Strukturen wie bei den Mysterienreligionen
    - o **sozial:** Polemik gegen nichtchristliche Lebensformen, aber gleichzeitig Öffnung zur röm. Gesellschaft
    - o **politisch:** Verweigerung des Kaiseropfers, aber Gehorsam und Loyalität gegenüber Obrigkeit
    - o **„Kostantinische Wende" bereits lange vor Konstantin beginnend**

- o Öffnung zur Gesellschaft christlichem Selbstverständnis entsprechend

Christenverfolgungen in der Mitte des 3. Jh.

- Restauration des röm. Staats- und Kaiserkultes
- Tausendjahrfeier der Gründung Roms (248)
- Rom als Vielvölkerstaat
- erste reichsweite Verfolgung unter Kaiser Decius (249-251)
- Kaiseropfer als Loyalitätserweis mit Opferbescheinigung
- Martyrium von Bischöfen; Abfall vieler Christen
- Problem: Rückkehr abgefallener Christen in die Gemeinde
- Radikale Opposition („Novatianisches Schisma")
- „paenitentia" → 2. Taufe der Abgefallenen
- „lapsi" → Betitelung der Abgefallenen
- Bischof Cyprian (gest. 258): Plädoyer für die Einheit der Kirche
- Valerian (253-260): Ausschaltung der Kirche als Institution
- Verbot von Gottesdiensten, Zwangsarbeiten und Hinrichtungen
- Entstehung der Märtyrerverehrung
- eigene Literaturgattung entstanden
- einerseits „acta" und andererseits „passio"
- 40 Jahre Friedenszeit: Ausbreitung und Festigung der Kirche
- Aurelian (270 – 275): Kultreform zur Verehrung der Sonne

Der Höhepunkt der Verfolgung

- Diokletian (284-305): Reichsreform (Tetrarchie)
- religiöse Restauration: Sonnenverehrung und Staatskult
- Vernichtung des Christentums als politisches Ziel
- Vier Edikte: Zerstörung der Kirchen/Inhaftierung aller Kleriker/Götteropfer aller Kleriker/...aller Christen

Die konstantinische Wende

- Schlacht an der Milvischen Brücke
- außerhalb von Rom gelegen
- Sieg über Maxentius
- Konstantin somit zum Herrscher über das gesamtrömische Reich geworden
- Unterschiedliche Deutungszugänge
- „von der unbegreiflichen Liebe"
- Pietas und Liebe Gottes
- Vom Dunkel zum Licht geführt
- Höhere Macht am Werk
- Gott in der Warte des Himmels

- Lobredner
- Gott
- Nähe Gottes
- Geheimes Einvernehmen mit jenem göttlichen Geist
- sich Konstantin offenbarend
- „divinum numen" (dt. „göttliches Geheimnis")
- Laktanz als christlicher Konverit
- Vertreter des konstantinischen Christentums
- Gott sich im Traum offenbarend
- Christusmonogramm als Schutzmal
- Euseb als weiterer Vertreter:
  o Gebet an Gott von Konstantin
  o Erscheinung
  o Offenbarung im Traum
- **Mailänder Edikt**
- Verschiedene Fassungen sowohl von Laktanz als auch von Euseb
- Rechtliche Situation der Christen thematisiert
- Euseb sehr ausführlich
- Religionsfreiheit thematisiert
- Ende der Verfolgungen im Westen bereits 305
- Konstantin (306-337): Alleinherrscher im Westen (312)
- Sieg an der Milvischen Brücke: Vision eines Lichtkreuzes
- „Mailänder Edikt" (313): Freiheit/Gleichheit der Religionen
- Gründe des Umschwungs: politische und religiöse Motive
- Einschränkung des Tempel- und Opferdienstes
- Privilegierung der Christen: Bischöfliche Gerichtsbarkeit,
- Steuerfreiheit des Klerus, Sonntag als allgemeiner Feiertag
- Basilika als neuer Kirchentyp: Grabeskirche, Hagia Sofia
- Konstantin als „pontifex maximus" und „profaner Bischof"
- Konstantinopel als Synthese von Imperium und Christentum
- Konstantinopel als christliches Zentrum
- Innerkirchlicher Streit um Lehrer des Presbyter Arius
- **Arianismus:**
  o Gott → Vater ohne Anfang
  o Sohn exnihilo geschaffen
  o Sohn → Geschöpf vor aller Zeit
  o als Gewordener
  o Veränderung
  o Wesensfremdheit
  o „um unsretwillen"
  o Rückgriff auf die Schöpfung
- **Reaktionen auf den Arianismus von Alexander:**
  o Abfall
  o Antichrist
  o Abtrünnigkeit
  o Irrlehre

- o Verdammung
- **Reaktionen Konstantins**
  - o Spaltung
  - o Belanglosigkeit
  - o „Friedensbringer"
  - o „Mitdiener"
  - o recht banal
  - o göttliche Vorsehung
  - o höchste Wesen
  - o einziger Glaube

- Innerkirchlicher Streit um Lehren des Presbyters Arius
- Konzil von Nizäa (325): Trinitarisches Bekenntnis (Nizänum)
- Herausbildung des Lehrbekenntnisses von Nicäa

Das Mönchstum

- neue Lebensform ab dem 3. Jh.
- bestimmende Lebensform innerhalb der Kirche
- Zentren: Nil-Delta, Palästina, Nordsyrien und Kappadozien
- Mönch (gr. Monas = allein, einsam)
- Anachoret (gr. Anachoreo = zurückweichen, sich zurückziehen)
- Anachorese (gr. Anachoresis = Rückzug, Ort der Zurückgezogenheit)
- Eremit (gr. Eremos = von Menschen verlassen, Wüste)
- Kellion (gr. für Mönchsgrotte)
- Könobium (Gr. koinos bios = gemeinsames Leben)
- Kloster (lat. Claustrum = Riegel, Schloss)
- Monasterium (lat. für Kloster)
- Regel (lat. regula = Klosterregel)
- Therapeuten (gr. therapeutai = Diener Gottes, Ärzte der Seele)
- Märtyrer (gr. matyrion = Zeugnis)
- Euchiten (gr. euche = Gebet, Bitte)
- Askese (gr. askesis = Lebensweise, Beruf, Übung)
- Gebet und Arbeit (lat. ora et labora = bete und arbeite)
- Muschel als Symbol der Reinheit und der Eingabe des Geistes
- Schlange als Symbol der Versuchung
- Höhlenklöster als eine frühe Form
- Grüdnungsväter:
  - Antonius (251-356): Anachorese
  - Pachomius (292 – 346): Kloster
  - Basilius d. Gr. (329 – 379): Integration in die Kirche
- Vermittler des östl. Mönchtums
  - Athanasius (295-373): Vita Antonii

- Hieronymus (347-419): Pachomregeln
- Johannes Cassian (360-430): „Gespräche"
- Antonius in der „Vita Antonii" des Athanasius von Alexandrien
  - ägyptischer Herkunft und Sohn hochsinniger Eltern
  - Wohlhabendes und christliches Elternhaus
  - christlich erzogen
  - Eltern bereits in seinen jungen Jahren verschieden
  - danach Beschluss zur Besitzaufgabe
  - Entschluss zum asketischen Leben daheim
  - Ägypten noch keine Klosterkolonie
  - Wüste noch nicht monastisch erschlossen
  - Auffinden abgelegener Gräber
  - Weiteres Vorstoßen in die Wüste
  - Hausen in einem verlassenen Kastell
  - dort dauerhafte Askese betreibend
  - Rückkehr im geläuterten und gesünderen Zustand
  - heilende Tätigkeit
  - gottgefälliger und der Kirche wohlgesonnener Mensch
- Antonius in den „Apophthegmata Patrum"
  - deprimierter Mensch
  - Weltflucht in die Wüste
  - Beten und Arbeiten als Kern monastischer Lebensweise
  - Häufiges Sinnieren über Gott und die Welt
  - kritische Haltung zur Gerechtigkeit in der Welt
  - zum Heiligen stilisiert